ICS 01.140
A 14
备案号:50639－2015

WH

中华人民共和国文化行业标准

WH/T 71—2015

图书馆参考咨询服务规范

Library reference service specifications

2015－06－19 发布　　2015－08－01 实施

中华人民共和国文化部　发布

图书在版编目（CIP）数据

WH/T 71—2015 图书馆参考咨询服务规范/中华人民共和国文化部发布. --北京：国家图书馆出版社，2015.12（2016.3 重印）

中华人民共和国文化行业标准

ISBN 978－7－5013－5751－2

Ⅰ.①W… Ⅱ.①中… Ⅲ.①图书馆工作—参考咨询—咨询服务—规范—中国 Ⅳ.①G252.61－65

中国版本图书馆 CIP 数据核字（2015）第 292025 号

书　　名 WH/T 71—2015 图书馆参考咨询服务规范
著　　者 中华人民共和国文化部　发布
责任编辑 高　爽　王炳乾

出　　版 国家图书馆出版社（100034　北京市西城区文津街 7 号）
（原书目文献出版社　北京图书馆出版社）
发　　行 010－66114536　66126153　66151313　66175620
66121706（传真），66126156（门市部）
E-mail nlcpress@ nlc. cn（邮购）
Website www. nlcpress. com ——→投稿中心
经　　销 新华书店
印　　装 北京科信印刷有限公司
版　　次 2015 年 12 月第 1 版　2016 年 3 月第 2 次印刷

开　　本 889×1194（毫米）1/16
印　　张 1
字　　数 13 千字

书　　号 ISBN 978－7－5013－5751－2
定　　价 20.00 元

目　　次

前　言

本标准按照 GB/T 1.1—2009 中的规则起草。

请注意本文件的某些内容可能涉及专利。本文件的发布机构不承担识别这些专利的责任。

本标准由中华人民共和国文化部提出。

本标准由全国图书馆标准化技术委员会(SAC/TC 389)归口。

本标准主要起草单位:广东省立中山图书馆。

本标准参与起草单位:南京图书馆、福建省图书馆、广西壮族自治区图书馆、天津图书馆。

本标准主要起草人:刘洪辉、沈静、伍清霞、王兵、汤晓鲁、刘煦赞、黄朝晖、黄艳、何玉英、李璐、张为江、王宁。

引　言

为促进我国各类型图书馆参考咨询服务的规范化，提高参考咨询服务的效能与管理水平，特制定本标准。

本标准是检验图书馆参考咨询服务效能与管理的尺度，是评估参考咨询服务水平的依据。

图书馆参考咨询服务规范

1 范围

本标准规定了图书馆参考咨询服务应遵循的法律法规与服务原则、参考咨询服务的服务对象、服务形式、服务内容、参考咨询服务管理、参考咨询服务工作等内容。

本标准适用于我国各类型图书馆。在实施过程中,各馆可根据本规范拟定具体的实施细则。其他开展参考咨询服务的机构可参照执行。

2 术语和定义

下列术语和定义适用于本文件。

2.1

参考咨询服务 reference service

针对用户需求,以各类型权威信息资源为依托,帮助和指导用户检索所需信息或提供相关数据、文献资料、文献线索、专题内容等多种形式的信息服务模式。

2.2

参考馆员 reference librarian

图书馆从事参考咨询服务的相关人员。其职责为负责解答用户咨询、帮助用户获取所需的信息与服务。

注:根据参考馆员的知识、经验和所承担的任务,可以有初级参考馆员和资深参考馆员等不同配置。

2.3

信息源 information sources

参考咨询服务中所采用的权威信息来源,包括图书馆书目记录、正式出版发行的印刷资料、视听资料、数据库及权威的网络资源。

2.4

实时咨询 real-time reference

用户通过现场、电话、实时网络咨询软件系统等提交咨询问题,参考馆员即时回复的一种咨询方式。

2.5

非实时咨询 non-real-time reference

参考馆员接到用户提交的咨询后不能与用户进行即时交互并提供解答的各类型咨询方式。

注:非实时咨询服务方式包括信件、电子邮件、参考咨询网站的表单咨询、读者留言、论坛等。

2.6

响应时间　response time

收到用户咨询提问到用户咨询之间的时间。

2.7

解答时限　feedback time

从响应用户咨询请求开始至提供最终咨询结果的时间。

2.8

联机公共目录检索系统　online public access catalog,OPAC

在线的图书馆资源目录,可通过因特网实现图书的查找与借阅。

2.9

检索　search

利用印刷型文献、数字化资源等信息集合查找所需信息的过程。

2.10

知识库　knowledge base

对参考咨询服务中参考馆员解答用户咨询的记录进行加工处理,采用规范化格式并以知识表示方式保存并呈现,作为供用户和参考馆员检索利用的数据库。

3　参考咨询服务总则

3.1　参考咨询服务应遵循的法律法规与原则

3.1.1　遵守知识产权及保护用户利用信息权力的相关法律法规

a)本着“合理使用”“法定许可”的原则使用有版权限制的资源,严格保护著作权人及用户的合法权益。

b)参考馆员应告知用户,通过使用参考咨询服务获取到的信息须严格按照知识产权保护的有关规定使用,因违反相关法律法规而引起的法律后果由用户自负。

3.1.2　以最大限度满足用户的信息需求为原则,注重信息源建设,培养参考馆员队伍,完善参考咨询服务业务管理制度,改进参考咨询服务质量,为用户提供全面、高效的信息咨询服务

3.1.3　坚持开放性、便利性、及时性,以合作形式开展的参考咨询服务应体现协作性

3.1.4　坚持知识自由的原则

a)避免提供个人观点或从个人角度发表判断性意见。

b)提供客观、全面的解答。

c)禁止参考馆员利用从参考咨询服务过程中获取到的信息获利,并由此致使其他机构或个人蒙受损失。

3.1.5　保护用户隐私

a)制定完整的用户隐私保护条款,在用户提交咨询请求时明确告知。

b)不能公开机构、个人用户的自身信息,包括机构名称、个人姓名及其联系方式等。如需公开涉及用户自身及其咨询内容的信息时,须征得用户同意。

c)咨询回复内容归入知识库时,须对相关机构或个人信息做过滤处理。

3.2 参考咨询服务对象

参考咨询服务对象包括通过现场、电话、信件、网络及其他形式提交咨询请求的各类型用户。

3.3 参考咨询服务形式

参考咨询服务形式包括实时咨询与非实时咨询。

3.4 参考咨询服务内容

3.4.1 指向性咨询

图书馆通过现场咨询服务、呼叫中心、网上指南、FAQ(常见问题解答)等形式,向用户提供图书馆服务的介绍与指引。

3.4.2 指导性咨询

a)向用户提供图书馆资源与服务的使用辅导以及用户教育,包括:辅导用户利用联机公共目录系统(OPAC)检索馆藏书目信息并完成借阅、预约、续借等工作。

b)通过对用户一对一辅导、开设培训班或编制用户指南等形式,指导用户使用数据库、搜索引擎等多类型检索工具查找信息。

c)学校图书馆、研究型图书馆还应为教师、科研人员、学生等的教学科研和学习提供信息获取与利用指导。

3.4.3 专题性咨询

3.4.3.1 专题性咨询包括:事实型查询、信息查证、定题服务、文献信息开发等。

3.4.3.2 事实型查询:查找包含在一种或多种信息源中的具体信息,如某一事件、人物、图片、典故、语录、统计数据等。

3.4.3.3 信息查证:根据用户需求,为用户提供馆藏文献复制证明、文献收录、引用证明等。

3.4.3.4 定题服务:针对用户提出的信息需求,查找中外文图书、报刊及各类型数字资源中的相关内容,为用户提供书目索引与文献资料汇编。科技查新等定题服务,还须出具相应的咨询服务报告。

3.4.3.5 文献信息开发:运用各种技术手段对文献资源的内容进行多层次的加工揭示和有序化,根据用户需求和信息市场营销策略以多样化的产品形式提供给用户。

3.4.4 不提供服务的内容

——替代性工作。如:作业、论文、考试及报告的写作等。

——须具有专业准入资质方可从事的咨询。如:财经投资、医学、法律、工程指导等。

——危害国家安全、机构或个人利益和隐私的咨询。

——其他与图书馆资源及服务无关的咨询。

4 参考咨询服务管理

4.1 人员

4.1.1 数量

图书馆参考馆员的数量，应根据所在图书馆工作人员总量，参考咨询服务内容、服务规模等因素确定，原则上人员配备不少于本馆工作人员总数的5%，且拥有1名或1名以上的参考馆员，负责考核参考咨询服务流程与质量控制。

4.1.2 资格

参考馆员宜具备大学本科(含)以上学历或取得中级或以上专业技术职务任职资格。

负责考核参考咨询服务流程与质量控制的参考馆员，宜具有2年以上参考咨询服务经验并具有副研究馆员或以上职称。

4.1.3 业务能力

a)信息获取能力

了解信息载体的多样性和复杂性，熟练运用各种信息源，如OPAC、印刷型文献资源、数据库、网络信息等，能够准确、快速地构筑信息检索策略，获取相关信息。

具备较强逻辑分析、判断能力与信息挖掘能力，能从纷繁庞杂的信息来源中提取隐藏的、潜在的有效信息。

b)交流沟通能力

有较强的理解能力、表达能力及引导用户充分表达其需求的能力。

c)寻求合作能力

对于超出参考馆员能力范围的咨询，应利用其他参考馆员或参考咨询合作单位的力量解答。如仍无法解答时，应在规定的解答时限截止前告知用户并推荐其他可能解答的途径。

d)计算机应用能力

能熟练使用常见计算机操作系统以及办公软件、浏览器软件、文件管理软件等常用应用软件。熟练掌握图书馆数字服务平台的使用。开展数字参考咨询服务的图书馆，参考馆员应熟练掌握数字参考咨询服务平台的各项功能。

4.2 信息源

参考咨询回复中，须选择、引用权威性资源。对于网络资源，还要求其内容的组织具
备有序性与科学合理性。

信息源权威性的判断依据：

——印刷型文献资源评估指标包括：责任者、出版年、版本、出版者、阅读对象、覆盖面等。

——网络资源的评估指标包括：责任者、内容的客观性、域名、最后修订时间等。

4.3 系统平台

4.3.1 计算机设备

配备与当前信息技术发展及本馆服务能力、服务模式相适应的信息技术设备,计算机服务系统。

4.3.2 软件系统

——易用性:系统界面友好,易于学习和操作,能够满足目标用户群体的使用需要。

——稳定性:系统出现故障的次数与概率应较低。

——完备性:系统平台应提供用户帮助信息、常用语问候选择和自动发送功能、提问转发功能、日志和统计功能、问题存档功能等。

——规范性:按照国际、国家通用技术标准,建立规范化的工作程序和模式。

——扩展性:平台留有扩展接口,可实现与其他图书馆应用服务系统进行交互,或与图书馆其他数字资源进行链接。

——安全性:保护用户隐私与咨询内容不丢失、不外泄;保护知识库的安全以及不被篡改。

4.4 培训

图书馆应定期为参考馆员提供专业技能、服务技能等方面的培训与交流活动。同时,建立完善的培训资料库,供参考馆员自修。

4.5 宣传

图书馆需明确参考咨询服务的用户及宣传与推广的内容,充分利用图书馆的多种宣传途径和工具进行宣传、推广,并鼓励工作人员对图书馆用户进行口头宣传。有条件的图书馆可建立参考咨询服务视觉识别系统。

4.6 合作

参与合作参考咨询服务的各类型图书馆须:

a)遵守合作参考咨询服务章程与合作协议。

b)遵守统一的参考咨询工作指南与服务程序。

c)遵守成员馆之间有机融合、协调合作的组织机制。

4.7 评估

4.7.1 评估的主体:参考咨询服务机构自身、用户、第三方机构(由参考咨询服务专家组成)。

4.7.2 评估的对象:包括参考咨询服务管理、参考咨询服务流程、参考咨询回复质量。

4.7.3 评估的方法:绩效评估、成效评估。

a)绩效评估:对照参考咨询服务工作目标与绩效标准,制定相应指标,评定评估对象的履行程度与完成情况。

b)成效评估:以图书馆参考咨询服务用户为中心,将用户对参考咨询服务的预期与其实际获得的服务效果进行对比和分析。

4.7.4 评估结果的应用

将绩效评估结果与成效评估结果相结合，运用成效评估结果进一步调整与优化参考咨询服务的工作目标与绩效指标，使图书馆所提供的参考咨询服务更接近用户预期，以提升用户对参考咨询服务的满意度，进而全面推动图书馆的资源建设、服务与管理。

可根据需要，参照附录A给出的参考咨询服务评估指标体系表（表A.1），选用不同类型评估指标完成对参考咨询服务的评估。

5 参考咨询服务工作

5.1 工作纪律

5.1.1 服务态度

——参考馆员在服务过程中须注意仪容仪态、使用文明用语。

——语言宜通俗易懂，避免使用非通用的专业术语。

——与用户实时交流时，需悉心倾听，避免打断对方。

——耐心解答，使用户可感知服务态度亲切、诚恳。

——服务中注重沟通、互动，不得对用户批评说教。

——理性交流，避免带情绪沟通。

5.1.2 响应时间

实时咨询须即时响应，非实时咨询的响应时间为2个工作日以内。

5.1.3 解答时限

实时咨询要求即时解答，如无法即时给出咨询结果的，可根据咨询问题的具体情况与用户协商约定解答时限。对非实时咨询的解答须在7个工作日内提交咨询结果，或视具体情况由双方约定解答时限。

5.2 服务流程

5.2.1 准备工作

a）熟悉实时参考咨询服务与非实时参考咨询服务的流程与工作纪律。

b）整理并维护常用信息源。

5.2.2 咨询需求分析

a）参考馆员需对咨询问题进行明确，对其中表达不清晰或可能产生歧义的词语或内容与用户做进一步沟通，以确保准确理解用户咨询需求。

b）判断咨询需求的性质与所属范畴。

c）确定所使用的信息源，包括正式出版的图书、期刊、报纸等印刷型资料及数据库、权威互联网资源、参考馆员的显性、隐性知识等。

5.2.3 咨询回复

a）根据用户咨询需求，有针对性地选择检索工具并制定相应的检索策略。

b)根据用户咨询需求的具体情况,明确所提供咨询结果的类型,如:事实性答案、文献原文、综述、报告或线索指引等。

c)对检索结果进行比较查重,以检准率为主,兼顾检全率。提供给用户的咨询结果应该是经过归类整理、清晰明了的内容,同时附上参考来源。

d)对于无法解答的咨询,需视具体情况分别处理:

——如本馆未收录解答咨询所需的资源,可联系合作单位获取。通过合作方式仍无法解答时,应为用户提供相应的查找线索,或推荐至其他更适合的图书馆解答。

——对于受图书馆的服务范围、服务资质等原因限制而不能解答的咨询,则需向用户说明,并推荐可解答此类咨询的机构或相关线索给用户。

5.2.4 建立咨询档案

a)对咨询问题须逐条记录,建立咨询档案。记录内容包括:咨询问题、咨询来源、咨询用途、检索过程和提供咨询结果的情况。同时,定期对咨询档案进行统计分析,为日后服务的改进提供依据。

b)在所有的咨询记录中,选择常见问题、有参考借鉴意义的咨询及回复归入知识库。并定期对知识库进行维护更新。

5.3 咨询结果质量

5.3.1 咨询结果格式

a)起始部分:

向用户问好。

列出经与用户沟通后,由用户确认的咨询需求内容。

b)主体部分:

给出咨询结果,同时,附检索中所使用到的信息源、关键词、检索策略等。

对无法提供最终答案或无法解答的咨询,须为用户提供相关资源的使用指引或查找线索。

c)结尾部分:

对用户使用本服务致以谢意。

提供完成本次服务的参考馆员所在单位、工作用联系方式。

5.3.2 咨询结果内容

a)使用的语言应通俗易懂,尽可能避免使用缩略语、非通用的专业术语及容易产生歧义的语句。

b)咨询结果的内容,必须具备客观性、真实性、时效性。

c)在法律、图书馆资源和服务条件允许的范围内,应向用户提供咨询提问的最终答案;对于可由用户自行完成获取的,应向用户提供详尽的检索路径、资源组合或解决问题的思路。

d)对于无法解答的咨询,咨询结果应给出其他可选择的咨询途径或相关查找线索。

附录 A
(资料性附录)
参考咨询服务评估指标

表 A.1 给出了图书馆参考咨询服务评估指标。

表 A.1 参考咨询服务评估指标体系

<table>
<tr><th>一级指标</th><th>二级指标</th><th>三级指标</th></tr>
<tr><td rowspan="21">服务管理</td><td rowspan="3">人员</td><td>数量</td></tr>
<tr><td>资格</td></tr>
<tr><td>业务能力</td></tr>
<tr><td rowspan="3">信息源</td><td>丰富性</td></tr>
<tr><td>可靠性</td></tr>
<tr><td>指引性</td></tr>
<tr><td rowspan="6">系统平台</td><td>易用性</td></tr>
<tr><td>稳定性</td></tr>
<tr><td>完备性</td></tr>
<tr><td>规范性</td></tr>
<tr><td>扩展性</td></tr>
<tr><td>安全性</td></tr>
<tr><td rowspan="2">培训</td><td>方式的多样性</td></tr>
<tr><td>实用性</td></tr>
<tr><td rowspan="2">公知性</td><td>理念与宗旨</td></tr>
<tr><td>宣传</td></tr>
<tr><td rowspan="2">合作</td><td>开放性</td></tr>
<tr><td>组织间协作</td></tr>
<tr><td rowspan="2">评估</td><td>评估模式</td></tr>
<tr><td>评估结果的效用</td></tr>
<tr><td rowspan="10">服务流程</td><td rowspan="3">服务方式</td><td>多样性#</td></tr>
<tr><td>便利性#</td></tr>
<tr><td>交互性#</td></tr>
<tr><td rowspan="3">服务的程序与指引</td><td>服务指引#</td></tr>
<tr><td>简易性#</td></tr>
<tr><td>清晰性#</td></tr>
<tr><td rowspan="3">服务态度</td><td>仪容仪表#</td></tr>
<tr><td>礼貌用语#</td></tr>
<tr><td>耐心细致#</td></tr>
<tr><td>服务响应</td><td>及时性#</td></tr>
</table>

表 A.1　参考咨询服务评估指标体系(续)

<table>
<tr><th>一级指标</th><th>二级指标</th><th>三级指标</th></tr>
<tr><td rowspan="6">咨询结果</td><td>格式</td><td>完整性</td></tr>
<tr><td rowspan="5">内容质量</td><td>客观性#</td></tr>
<tr><td>规范性</td></tr>
<tr><td>有用性#</td></tr>
<tr><td>指导性</td></tr>
<tr></tr>
<tr><td colspan="3">注:上述所有指标(可选用)适用于评估主体为参考咨询服务机构自身或第三方机构(参考咨询服务专家)的评估方式,带#号指标(可选用)适用于评估主体为用户的评估方式。</td></tr>
</table>

ISBN 978-7-5013-5751-2

9 787501 357512 >

定价：20.00 元